분열하는 달

정다정 시집

들꽃시선 89

분열하는 달

정다정 시집

자서

만상은 이렇게 나에게 기쁨을 준다.
이토록 즐거운데 꽃봉오리인들 피지 않고 견디랴
새인들 날지 않고 배기랴. 봄이 가만두지 않는다.
움츠러든 사물들 마음을 흔들어 깨
세상에 내 놓는다.

2007년 5월
정 다 정

분열하는 달

차례

분열하는 달

묶음 둘 : 사진 속 비둘기

묶음 셋 : 폐선

묶음 넷 : 썰물 운동장

묶음 하나

숲과 새

숲과 새

숲과 새는 한 가족, 나무를 날아다니며 숲을 사랑한 새, 숲이 한번 날갯짓을 하자 울렁울렁 멀미가 난다 숲이 학처럼 날개를 접는다 그 속에서 알을 품던 어미새, 어느 날 새끼들을 데리고 훌쩍 떠나버렸다

사랑을 잃고 깊은 잠이 든 숲, 바람이 흔들어 깨워도 눈뜨지 않고, 나비가 나풀나풀 건드려보지만 여전히 겨울, 아직 침잠沈潛중인 숲은 고요하다

지나가던 꾀꼬리가 조용한 숲을 들어다 보았다 저 황홀한 침묵, 꾀꼬리는 노래를 불러 새들을 불러들였다 계보를 만들고 질서를 지켰다 계보는 새의 힘 그들은 왕국을 이뤘다 기억을 더듬어 조상을 섬기고 자손 대대로 이어갈 수 있는 터를 닦았다

새의 어울터인 동백 숲, 그늘과 바람이 응집된 곳, 가지마다 흔적을 남기고 뚝뚝 떨어져버린 동백, 집단체제를 갖춘 새들, 그 숲에 가면 볼 수 있다 님도 볼 수 있다

스위치

내 안에 스위치가 있다
스위치를 올리면 어둠이 빠져나가고
모든 기계가 움직인다
세상이 긍정적이 된다
사과나무에서 사과를 따먹고
박하사탕처럼 가벼운 공기 방울이 날아다닌다
비오면 스위치를 내린다
유령처럼 지나가는 어두운 그늘
그늘에 휩싸여 잠을 잔다
비를 타고 스위치의 손잡이에서 전류가 흐른다
찌르르 끌어당기는 손의 전율
온 몸이 불길로 타오른다
촛불을 켠다
은빛 화살이 과녁을 향하여 날아가고
허공의 별들이 번쩍거린다
길게 뻗은 산들이 귀를 세운다
스위치의 키가 작동을 한다
세상이 밝아진다

훨훨 날아가버린 철새들
스위치의 전원이 꺼진다

풀섬

우남 아파트 베란다에서 바라다 보이는
장암천 한가운데 풀섬
바랭이, 비름, 고마리, 강아지풀들이 손을 흔들고
나뭇잎 배에서 막 내린 개미들이 먹이를 나른다
비비새, 박새, 풀 속에 집을 짓고
날개 펴고 유유히 떠 있는 백로, 물총새가 잠수하고
햇살이 숲을 한바탕 핥고 지나가면
물풀들은 바람에 몸을 흔든다
하늘엔 내 마음이 섬처럼 떠가고

손을 잡고 넓게 퍼져가는 숲 속의 그늘
한 무리 달팽이가 타액을 뿜어낼 때
길따라 집을 짓는 거미들
부전나비 날개는 거미줄에 매달려 파르르 떨고
갓 태어난 사마귀는 풀잎의 부채질에 몸을 말린다
밤이면 풀들이 등을 켜고 행렬할 때
이끼가 융단처럼 깔려있어 미끄러지는 섬

서로 마주보며 형 아우가 되고
물속에 함께 잠겼다 함께 떠오르는 두 개의 섬
내 마음의 물줄기 터주는 섬

연잎, 빗방울, 청개구리

연잎에 빗방울 떨어진다 잔잔한 바람이
연잎에 고이고 청개구리 한 마리 튀어 나온다
흰꽃을 피운 부레옥잠이 개구리밥에 밀려 떠내려가고
자유롭게 비를 맞으며 부유하는 꽃잎
연잎에 앉아 비를 맞는 청개구리 눈앞이 가물거린다
청개구리 눈으로 빗방울 떨어진다
비를 맞으며 눈을 깜박이며 엄마 품속이 그리워진다
빗방울은 포근하다, 엄마 품속 같은 빗방울
빗방울 소리는 자장가
연잎에 앉아 자장가를 들으며 두 눈을 감는다
부레옥잠이 흰꽃을 피우고 비를 맞는다
오늘 부유하는 꽃잎들
연못에 핀 사랑의 앙상블, 가볍게 비를 받친 연의 자주
색 열매들
연잎이 떨고 있다
감기가 들었나
개구리가 떤다 빗방울이 떨어진다
청개구리 푸른 코에 빗물이 들친다

음지 마을

신축 아파트 아래 그늘진 마을, 열시에 드는 햇살 어깨 맞대고 둘러앉은 집들 솔기 터지게 가난해도 마음들은 따뜻하다 시린 손발 불며 여민 옷깃 너덜거리지만 온기 높은 아랫목 누울 방 한 칸씩 가슴에 품고 산다 햇볕 비칠 날 만 기다리는 마을 슬레이트 지붕에 못다 핀 꿈들은 꿈틀거리고 뒷산에 꽃 피고 산새소리는 왁자한데 철 지난 바람 불어 좁은 골목은 먼지만 풀풀 날린다

마을 입구 잠바차림의 신성 고물상 황씨는 버려진 폐품 모아 마당 가득 채운다 매일 헌 신문 걷어들이고 문짝 없는 대문은 항상 열려 있다 들고남이 자유로운 마당 한쪽에는 허리 굽은 철근이 쌓여 있고 찌그러진 깡통 빈 병이 포대에 담겨 살려나간다 방벽 틈으로 찬바람 새어 들어도 식구들 한데 모여 이야기꽃을 피운다 담 넘어온 햇살이 마당 위에서 분수처럼 쏟아지는데 손바닥만한 화단에선 꽃들이 앞다투어 피고 있다 색색 피는 채송화 온 마을에 가득하다

가을 속으로

1. 귀향

타오르는 단풍이 하늘을 삼키고 있다
꽃은 뭉게뭉게 솟아오르고
아름다운 불길 속을 달려가는 사람들
핏빛 노을 속의 문상객들

다리를 끌며 퇴각하는 병사들
흩어진 패잔병 모여
어두운 터널을 빠져나간다
일렬종대 풀잎처럼 지쳐
아랫마을에 짐을 푼다

2. 담쟁이

초가을, 북한산 소나무에 홍사紅蛇가 기어간다

대가리를 세우고 꿈틀거린다

숨통을 물어뜯고서야 직성이 풀리는

저 독한 짐승

우리집 담장을 넘본다

3. 은행나무

막 노란 손톱을 깎아내리고
수면睡眠 위에 서 있다, 안으로 흐르는 물소리
바깥 생명 다하고 내실로 들어설 때
지독한 머리 아픔이 있었다
황달 든 몸으로 앓고 있을 때, 좋아하는 꼴들이란
서둘러 목숨을 안으로 걷어들이고
암갈색으로 치장 하고 조용히 눈 감고 있으면
폭력을 휘두른 바람소리
안의 씨앗들을 위해 바람막이가 돼야 한다
팔 다리에 붙어있는 눈들이 살아 있음을 증명 해 주는
가슴을 뜯어먹고 사는 분신들
새 바람이 불러낼 때

세상과 맞닥뜨릴 싹들

4. 다람쥐

호암사 비탈길을 걷는다
꼬리가 먼지털이처럼 부풀어오른
다람쥐 한 마리 내 앞을 가로지른다
나는 잡을 수도 있지만 잡을 수 없다
두려운 눈으로 도망가는 놈
짧은 앞니로 도토리를 씹다가
엉성한 낙엽 속으로 숨는다

숨는 것은 아득하다 언제 나올지 모르는
저 무한함
까맣게 탄 밤송이가 나뒹군다
알밤 몇 톨
살아 있으면 언제 또 만나겠지

5. 옹달샘

극락사 계곡 중턱에 옹달샘

천년을 나뭇잎 몸에 새기고
구름 실고 떠간다

돌 틈 새로 붙은 이끼
연륜의 수위를 말하듯
검푸른 빛으로 더덕 져 있다
이끼 위로 투신하는 낙엽
미끄러져 샘물에 파문 인다

적막한 우물 속 가볍게 떠가는
동자승 하나

6. 벌레가 되어

벌레가 되어 마음 한번 편하고 싶다 사람의 허물 벗고 터럭 풍성한 벌레가 되어 아무 생각 없이 살고 싶다 풀색을 하고 나뭇잎에 붙어 꿈틀거리다 이마를 흔든 바람에는 아찔하지만 차츰 영토를 넓히고 활력을 쏟으며 나날이 푸르러 간다 곧은 햇살이 시린 쪽으로 기울고 계절이 발목을 잡을 때마다 가벼운 죽음이 기다리지만 벌레로 사는 것이 좋다 가을 속의 나, 낙엽 속의 애벌레가 되어 한동안 몸 마음이 편해진다

분열하는 달

달이 지구를 공전 한다

하늘을 보자 달이 내 입으로 떨어진다 살짝 받아 삼킨다 목에 걸려 넘어가지 않는다 입안으로 가득 찬 달은 조금씩 찌그러지기 시작한다 반죽알처럼 작아진다 위장으로 들어간 달, 자잘하게 부서져 장으로 흘러내린다 장에는 수많은 달이 생겼다

내 몸 안에는 수많은 달이 있다 수많은 달이 떠다닌다 배는 불어 오른다 팡, 터진다 달은 하늘로 날아가 박힌다 많은 달들이 하늘에 떠서 별처럼 반짝인다 깜박거리며 떠가는 배, 돛은 날개, 새들이 날아간다 철따라 이동한다 까만 수를 놓으며 떼지어 우주를 비행한다

달은 여러 갈래로 길이 나 있고 길따라 냇물이 흐른다 푸른 달을 뽑아 눈썹 위에 심는다 이마 위로 떠오르는 달, 몇 평 안 되는 논뙈기에 경작권을 갖는다

가위 눌림

벽 쪽에서 왠 여자가 성큼 다가오더니 나를 끌고 밖으로 나간다
방문 앞에서 그녀의 눈과 마주친다 눈을 부릅뜨고 끝까지 뚫어지게 쳐다보자
그녀는 슬그머니 사라진다
눈을 뜬다 반듯하게 누워 있다
주위는 고요하다 벽에 걸린 옷들이 유령처럼 보인다

방문을 열고 거실로 나가니
식탁엔 꽃병이 그대로 놓여 있다
꽃병 속에서 리본을 단 아가씨가 훌쩍 뛰어 탁자에 앉자
그녀의 머리에서 나비 한 마리 날아오른다
앞 건물 십이층 창문에서 역광이 새어 들어와 꽃병에 꽂힌다
금빛 무지개가 어두운 밤공기를 뚫고 활선을 긋는다
화병 속에 발 담그고 있는 찬란한 빛
나비는 날아와 꽃병에 앉는다

붉은 피에 물든 나비, 어느새 산산조각이 나 화병아래
흩어진다
방안은 조용하다 나는 자리에 눕는다
그녀는 다시 목을 조른다

숲은 시원한 물속이다

숲 깊다 숲이 꿈틀거린다 맑은 공기가 살아 숲이 솟아 오른다 고요하다 숲 속으로 발을 내딛는다 시리다 시리도록 맑다 맑은 공기 한 줌 집어 가슴에 뿌린다 위에서 아래로 찬 기운이 돈다 시원한 물속이다 입질하는 물고기처럼 뻐끔뻐끔 공기를 들이마신다 입에서 공기 방울이 꼬리를 달고 퍼져나간다 잔 나무들이 수초처럼 수런거린다 맑고 깊은 물 속, 물고기들이 노래 부른다 노래가 숲 밖으로 퍼져나가자 날아가던 새들이 모여든다 물총새 한 마리 숲 속을 기웃거린다 공기가 물결칠 때 숲은 출렁거린다

푸드덕 날아가는 물총새 한 마리 고요한 숲속을 흔들어 놓는다 낮은 바람이 들어왔다가 온 종일 헤매었던 울창한 숲 간 밤에 발가벗은 별들이 내려와 놀다간 초록 흔적 사방에 널브러져 있다 이끼 낀 바위 위에 걸터앉아 골짜기 맑은 물에 발목 담그고 한가롭게 떠내려가는 나뭇잎 건져올리며 묵은 주름살 펴본다 화살보다 빠르게 가버린 하루 지는 해는 나무사이로 갸웃거리고 한창 울

어대던 매미도 서서히 소리를 낮춘다

밤이 되면 설레이는 물결을 잠재우는 강, 한동안 고요가 일더니 바람따라 허리를 뒤틀며 일어선다 강물이 비오듯이 물줄기가 선다 강둑 바람이 치맛자락 날리며 몰아간다 강 저편 숲 속으로 물방울이 뛰어내린다 무수한 별들이 물방울 속에서 반짝거린다 물방울 속에서 뛰어내릴 수 없는 별을 품은 채 저희들끼리 몸 비비며 굴러가는 물방울들

강 건너 마을

강물에 발 담그고 있는 나무들
발이 불어 발톱 밑이 갈라지고
상처가 무릎까지 차오른다

가을바람에 나뒹구는 낙엽 밟으며,
강 건너오는 아버지를 기다린 아이들
쓰러져가는 들창문을 열고 제비처럼 손을 흔든다

시장에서 돌아오신 아버지는 부엌에서
대강 상 차려 방으로 들어온다
몇 가지 반찬을 가운데 두고 둘러앉은 아이들
올 겨울은 유난히 추워 더욱 초췌해 보인다
뒷산 나무들, 눈꽃 소복소복 쌓여 한 겨울의 운치를 더
해주지만
북풍 몰아치는 어느 겨울
집을 나간 어머니의 빈자리는 썰렁하다

아이들은 토방에 움츠리고 앉아

한줄기 빛마저 놓치지 않으려고 두 팔로 움켜쥔다
아버지는 발목에 담뱃재 바르며 두 다리를 쭉 뻗는다
언제 홍수가 할퀴고 갈지 모르는 위태로운 집
창문에 불이 켜지고 오순도순 말소리가 들린다
지나가던 바람도 부러운 듯 힐끗 쳐다보고
마당에 누워 있는 풀들도 다시 일어서고 있다

닳아진 모서리에서 묵은 향기가 난다

책상 서랍을 열면 한 뭉치 어둠이 뛰쳐나온다
책 때문에 길이 좁아진 어둠은
마음대로 다닐 수가 없었다
몸을 움츠리고 골목골목 뛰어다니다보면 다리가 아파
서랍 말을 듣지 않았다
서랍에게 머리를 쥐어 박히고 회초리로 종아리를 얻어 맞은 어둠은
그 동안 설음이 폭발하듯 삿대질하며 윽박지른다
이젠 들어가지 않겠다는 듯 양팔을 벌리고
서랍 앞에 버티어 서서 농성을 한다

수 주일이 지나도 어둠은 수그러질 기색이 없다

어둠은 어둠을 양성 한다 갈수록 힘이 강해지고
서랍문을 열면 줄줄이 들어가는 어둠들
더 이상 슬픔은 없다

서랍 속에는 내 어둠도 들어 있다

좁은 골목 혼자 아장아장 걸어가던 유년
긴 세월 접어진 채 거덜나 있다
닳아진 모서리에서 묵은 향기가 난다
단발머리 출렁이던 질푸른 향내
어느 하루 내 유년이 서랍과 함께 먼 길 걸어와 내 앞에
서 있다
털고 털어서 닦아낸 어둠 한결 빛나고
서랍 속은 갈수록 윤택해간다

공간 탈출

오후의 햇살이 따갑게 내리쬐는
이층 슬라브
해는 지붕 머리에서 슬금슬금 눈치를 살피며 웃음 짓는다
119구조대, 일층은 소방차가 있고 이층 홀엔 탁구대
탁구대 오른쪽 골방에는 오래된 옷장, 운동기구, 신발장이 있다
홀 난간에 서서 시간을 기다린다
약속이 지났어도 사람은 오지 않고 집안일이 초조해진다
하지만 꼭 만나봐야 하고 오늘 아니면 틈이 없다
좀 더 기다리기로 했다
문어발처럼 늘어진 마음이 주위를 맴돈다
앞뒤로 걸어본다 하나 둘 숫자를 세며
무아의 경지에서 공간의 목덜미를 채찍질한다
드디어 기다리던 시간이 왔다
사람을 만나고
지루한 공간에서 벗어나 서둘러 집으로 향한다

나를 따라 기운 해도 도봉산 넘어 사라지고
땅거미가 천천히 발뒤꿈치에 묻어온다
세상을 살면서 바쁜 일상은 늘 나를 시간에 쫓기게 했다
생이 노랗게 물들어 갈 때쯤 해는 다시 서쪽으로 기울 것이다
삶의 물살에 닳아져버린 내 몸 보듬고 구렁 넘어 사라질 것이다
이 땅을 떠나야 하는 공간 탈출의 명목으로

노파, 담벽에 그린 자화상

흙집에서 사는 노파
삼베옷을 입었다
기스락은 땅에 닿고 짚방석을 깐 방바닥
반쯤 상반신을 일으켜 창문 쪽을 바라본다
밖은 흐려 아침 저녁인지 알 수 없다
그가 살아온 마음의 적재
생의 반은 타관에서 살았다
일정한 직업 없이 떠돌이 생활을 했다
더러는 향수에 젖어
누구 하나 돌봐주지 않는 빈 집에서 평생을 보냈다
어렸을 때는 뛰어놀던 고향집 담벽에 엄마 아빠 얼굴을 그려보기도 했고
무엇보다도 친구가 그리웠다
어느 날, 여행 중 빈 집에 들어가 밥을 짓고 죽어가는 화분에 물을 주는데
주인이 돌아온다
먼저 간 일행을 따라 밖으로 나오니
날이 어둑어둑해지고 사람들 온 데 간 데 없다

길은 보이지 않고 한참 헤매다 잠을 깬다
누워 있는 흙집에 비가 내린다
차츰 혼미해가는 그
살은 빠지고 삭아가는 뼈에서 윤기가 난다
조용한 방안 흙먼지 쌓이고
방대한 지붕 점점 가라앉는다
고달픈 삶은 천천히 황홀한 무덤이 되어간다

삶은 시계바늘 반대 방향으로 낡아가고

무덤 속에 누워 있다
바람의 혀가 무덤을 핥고 지나가다 불러낸다
나는 한 송이 꽃으로 피어나
비가 오면 빗물을 머금고 바람이 불면 몸을 흔든다
산책하던 소녀가 꺾어 화병에 꽂는다
그녀의 방에서 꽃으로 존재한다
집은 무덤, 창이 있는 방에서 잠자고 TV를 보고 음악을 들으며
TV 맞은편 탁자 위에 앉아 있다
무료한 시간이 흘러가고 목말라 고개 숙이면
그녀는 수돗가에 데려가 물을 준다
그녀는 창문을 열고 장롱 위나 책장, 내 머리의 묵은 먼지를 털어낸다
나는 시계바늘 반대 방향으로 조금씩 낡아가고
베란다 유리문으로 밖을 내다본다

공터에 마을이 있다
언덕길 오르내리며 삐비 뽑던 시절, 추억의 그림자가

나를 감고돈다

확 트인 골목길을 돌아서면 우물이 있고
살구꽃 흐드러져 물위에 떠다니던 그때는,
흙으로 살아 부족할 것이 없었다
한줄기 빛으로 환생하는 지금 저승의 삶은 이승보다
괴로웠다 갈고 닦아서 얻은 조그마한 지식,
지식을 풀어써먹기 힘든 세월은 내 무덤위에 푸르고
재로나마 지탱할 수 있는 힘이 필요했다
꽃으로 살아갈 수 있는 새로운 삶,
자연의 힘으로 이루어진 것
한 줌 재로 돌아가 피안의 벽속에서 어둡고 슬픈 나날
이 계속되어도
언젠가 나는 다시 무덤 속으로 들어가고
산화酸化하는 시간 속으로 사라진다

마당 한가운데 우뚝 선 긴 그림자

눈앞의 바다
발밑에 깊은 계곡이 있는 산중턱, 넓은 묘
내 안을 들여다보면 알 수 없는 기류가 흐른다
강물처럼 잔잔한 유동성, 그 테두리 안에서 흔들어댄다
나는 결코 소멸하지 않는다 다시 생성되는 과정일 뿐
내 텃밭에서 길러낸 채소를 먹고
흩어진 기억을 모아 사진첩을 만들며
마당 한가운데서 곰삭은 술을 이웃과 나눠 먹고 춤과 노래를 즐긴다
다시 소생하여
어느 부부에 의해 새로 인식된 일상 속에서
능숙하게 화살을 쏘며 힘차게 달린다
장막에 가렸던 시간을 서서히 벗겨나가며 색칠하기 시작한다
녹슨 부분을 털어내고 고장 난 곳을 고쳐
삶의 결을 새겨 넣다
진실한 생을 살기 위해 유약은 바르지 않고

가난한 뜰에 씨앗을 뿌린다

내 안의 꽃상여
타고 오른다
하늘에서 실 같은 끈이 사방에서 잡아당긴다
사지가 찢어질듯이 부풀어 오른다
관을 보듬고 골목길을 서성거리는데
앞 집 대문 안에서 개가 짖는다 쾅, 방문 닫는 소리
갑자기 집 생각이 나 담을 넘어 마당 한가운데 우뚝 선 긴 그림자
살금살금 기어 모퉁이 방안으로 들어서자
낭떠러지 앞에서 현기증이 난다
훨훨 털고 일어나보니 황톳길을 걷고 있었다
다시 태어나
세상 속에 뿌리를 내리고 마음껏 날개를 펼친다
밥 짓고 텔레비전 보고 정원을 가꾸며 태양을 향해 뛰어 간다
음지에 마음을 풀고 그들과 함께 한다
아직 밟지 못했던 계단을 차근차근 밟아가며
층층이 쌓인 돌 자갈을 허물고 알차고 기름진 옥토를 만든다
어떤 규율에 얽매이지 않고 자연스럽게 시간을 지배하며
내가 지향한 모든 것은 자유롭다

말을 타고 달린다 높고 푸른 광야를 향하여

묶음둘

사진 속 비둘기

사진 속 비둘기

사진 한 장 들고 있다
어머니와 함께 공원에서 찍은
한복 입은 어머니는 쭈그리고 앉아 비둘기를
손에 들고 계시고
바짝 그 옆에 서서 나는 바라보고 있었다
언제나 비둘기만 보면 반가워하시던 어머니
옆으로 슬쩍 날아가면 뒤돌아서서
유심히 바라보곤 했다
비둘기는 어디론가 사라져버린다
서랍을 열면 푸드덕 날아가는 비둘기 한 마리
반가운 듯 온 방안을 누비고 다닌다
안방 스탠드에 앉았다가
거실 소파에 누워 창밖을 내다본다
나른한 오후의 햇살은 방안으로 배를 깔고
지친 비둘기는 내 품에 안긴다
따스한 어머니의 숨결을 느껴보는 비둘기
사진 속 비둘기는 날아가고
추억 한 장 서랍 속에 놓여 있다

투명꽃

돌로 쌓아올린 맑은 샘
시간의 목마름으로 말라버린 바닥
끈끈한 인연의 긴 여로
이젠 가득 찬 어둠으로 앞이 보이지 않는다
물방울은 소리 없이 자취를 감추고
그 자리에 둥근 얼굴 하나 보인다
구석구석 갈라진 돌 틈으로
천 가닥 슬픔이 고여 언제 필지 모르는
투명꽃 피었다
찰랑찰랑 샘벽을 흔들던 물
방대한 물줄기는 길을 잃고
샘은 깊은 잠이 들었다
저 아득한 절벽의 높이
언제쯤 성문을 허물고 잠에서 깨어날까
벽엔 말라붙은 이끼도 없다
어느 날 흔적 없이 사라진 물
둥둥 떠 있는 빈 몸통 하늘을 쳐다본다

꽃의 흔적

책상 위에 화분이 놓여 있다
잎사귀만 남은 난
꽃은 흔적을 남기지 않는다
꽃대 위에 여운만 남는다
콧대 높은 화분에 푸른 꿈은 시들고
잎이 허공을 긋고 있다
우뚝 솟아있는 지지대엔 내 몸인 듯 타고 올라간
난꽃의 쌀밥 같은 모습이 배여 있고
꽃처럼 화분을 감싸고 있는 분홍 망사가
쭉 뻗은 잎과 조화를 이루고 있다
꽃잎으로 붉게 물든 화분은 고요하다
언제 필지 모르는 아득한 기약
꽃대궁에 어둠이 쌓인다

잠시 외출한 꽃이 돌아오지 않는다
목을 빼고 기다리는 시간과 바람이 핥던 공간
외로움의 접목지대
화분위에 허물들이 누워있다

언제 사라질지 모르는 꽃잎들
말없이 허공에 던진다
바람 타고 올라간 꽃은 달 속에 피었는지
자박자박 내려다보는 달빛 속에 허연 이 내밀고
시간과 공간의 교차점
꽃대엔 꽃은 없고 어미목만 있다

나비넥타이

그 남자는 언제나 나비넥타이를 맨다 쑥 빠진 몸에 개기름이 자르르 흐른다 갈색구두를 신고 뒷굽이 높다 바지가랑이가 칼날처럼 날카롭다 지독한 향수 냄새가 난다 그는 언제나 골목길을 횡단한다 배꼽티 입은 아가씨들이 휘파람을 분다 그는 모른 체 한다 골목을 나와 꽃가게로 들어간다 꽃집 아가씨가 반긴다 장미 한 다발 사 들고 가게문을 나선다 나비가 꽃잎에 앉았다 날아간다 나비는 허공이 길이다 그는 몸매를 가다듬는다 나비넥타이를 매고 갈색구두를 신고 꽃잎이 묻은 양복을 탈탈 턴다 머리를 한번 쓱 쓰다듬고 상냥스런 눈빛으로 다시 골목길로 들어선다 휘파람을 불며 창문마다 장미 한 송이씩 던진다 머리에 장미꽃을 꽂은 아가씨들 일제히 뛰어나와 팔장을 끼고 그를 둘러싼다 좁혀오는 공간 속에서 나비넥타이가 활처럼 웃는다 행복에 겨운 남자 개기름이 자르르 흐른다 언제나 골목길에서

그녀가 쟁반에 담아온 인삼

그녀가 십년된 인삼을 쟁반에 담아 왔다 내 앞에 놓자 보통 크기로 작아졌다 인삼이 왜 작아지지? 부엌을 쳐다 봤더니 무가 되었다 무가 되다니? 내동댕이쳤더니 다시 덩치 큰 인삼이 되었다 나는 인삼을 팍팍 삶아 단지에 넣고 밀봉해 두었다 며칠 후 봤더니 꿀이 되었다 꿀벌들이 집단으로 몰려와 순식간에 먹어버린다 벌들이 웅성거리며 내 몸에 달라붙는다 눈이며 귀 겨드랑까지 벌집처럼 달라붙는다 움직일 수가 없다 강열한 태양아래 온몸이 욱신거리며 근육이 굳어간다 피는 말라가고 생명은 단축되고 구리빛 동상이 되어간다 밤이면 달빛이 생명을 불어넣어 피를 돌게 하지만 낮에는 뜨거운 햇볕에 숨을 쉴 수가 없다 머리위로 검은 천을 쳤다 태양이 가려지고 살랑살랑 바람이 불고 조금씩 열이 식기 시작한다 내 몸을 핥던 벌들은 슬슬 풀려나가고 나는 두 다리 쭉 뻗고 서 있는 인삼이 된다

꽃다발을 든 아이들

빨래를 한다 장마철 물내음 햇볕 쨍쨍한 날 냇가에 넌다 빨래는 자갈 위에서 하얗게 타오른다

놀이터에서 놀던 아이들, 옷을 벗어 던진다 엄마는 빨래를 집어 세탁기에 넣고 돌린다 돌아가는 세탁기 속에서 아이들 웃음소리, 어른의 웃음소리가 뒤범벅이 된다 아이의 옷이 어른의 옷에 감긴다 감기면서 돌아가는 세탁기 속, 꽃다발을 든 아이들이 천장에 다롱다롱 매달린다 몇 바퀴 돌더니 쏟아진다 돌아가는 세탁기 속에서 해맑은 웃음과 슬픔이 엉킨다 소리 지르며 뛰어나오는 옷들

미소 짓는 엄마의 눈매

소금

바다가 매몰된 육지에 나는 하얀 꽃으로 피었다.

낮게 엎드린 메밀꽃처럼 쓸쓸한 기운이 돌고 은빛 반짝이는 불모지. 삼목도 앞바다에서 바람 타고 날아와 영종도 창공을 떠도는 안개, 눈물은 흩어지고 알갱이는 남아 상처 속에 들어가 꽃을 피운다.

바다가 매몰된 육지에 나는 하얀 불로 피었다.

모세혈관에 흐르는 불, 그대 영혼 화염처럼 피어오르고 세상의 짠맛을 품은 빛, 갯물을 한 입에 삼킨다. 그녀가 한 주먹 집어 가슴에 뿌리니 그녀 마음 활화산처럼 타오르고 꼿꼿이 솟아올라 푸른 잎 돋는다.

바다가 매몰된 육지에 나는 하얀 독으로 피었다.

영원히 썩지 않는 불사신, 방부제가 따로 없다. 화살이 몸에 박히면 살촉을 갉아먹는 녹이 된다. 햇살 받아먹고 사는 독약, 공기 방울이 톡톡 튀어 하늘로 솟고 응고된 아픔이 결정체를 이루어 만든 보석.

불

내 하늘에서 번개
불빛이 나무로 옮겨 붙는다
순식간에 숲을 다 태우고 도시로 솟아오른다
거리엔 재가 가득하고
잿더미 속에서 꿈틀거리는 불씨,
바람 타고 날아간 불꽃이 화원에서 타 오르더니
빨간 장미꽃으로 변한다 장미꽃이 무더기로 쌓인다
장미 입술을 한 아가씨가 활짝 웃으며
붉은 드레스를 입고 춤을 춘다 높이 쳐드는 발
치맛자락 끌며 마을을 누비는 그녀, 다시 숲으로
나무 사이사이 옷자락이 걸리고 손길 따라 숲이 움직인다
바람 따라 불이 번지고 메케한 나무 타는 냄새 투둑투둑 타들어 가는 숲
소방관이 호수로 물을 뿌린다 멀리 뻗어가지 못하는 물줄기
타오르는 불길을 잡을 수가 없다
불길이 방향을 돌린다 내 안에서 사라지는 불

나는 장미를 닮았다 빨간 옷을 입고 거리를 활보한다

분수

그녀는 수도꼭지, 주인에 의해 부서지고
지금은 정처 없이 떠도는 바람

그녀는 언제나 유령처럼 나타나 베란다 유리창으로
부엌에 서 있는 나를 뚫어지게 쳐다본다
내게서 무엇을 훔쳐갈 것인지 그녀가 싫다
그녀의 하얀 얼굴이 보고 싶지 않다
서둘러 밖으로 나간다 뒤따라온다
내 앞에 멈춘 그녀의 눈이 차츰 흐려지더니 없어지고
움푹 패인 자리에 눈물이 고인다
선채로 분수가 된 그녀, 도시 한가운데서
매일 눈물을 폭포처럼 쏟아 내린다
사람들은 도망가고 상점은 일찍 문을 닫는다
아득한 도시의 한복판에서 막막한 사막을 걷고있는 분수
저 직립의 자세, 내 안으로 뛰어 들어올까 두려운
자신의 물줄기로 흠뻑 젖고 있는, 물의 입자들이 거리로 흩어졌다가
비구름 속에 몸을 감춘 수도꼭지
너는 정처 없이 떠도는 바람

천장에 매달린 유령

그녀는 미장원에서 머리칼을 자른다 싹둑싹둑 떨어져 내린다 바닥에 뒹구는 파편들, 머리칼이 움직인다 애벌레처럼 꿈틀거린다 더러는 발에 밟혀 죽고 살아남은 것들은 벽으로 기어간다 그는 사마귀로 변신하여 천장에 매달린다 언제 바람이 불어닥칠지 모르는 낯선 공간, 모두가 생소한 풍경들, 사마귀는 아래를 내려다본다 날카로운 눈초리들이 자기를 응시하고 있다 새까만 눈동자들, 그는 무서워 떨다가 바닥으로 떨어진다

화석 동굴에 거꾸로 매달려 있는 검은 샌들, 시공을 초월한 노안, 세월의 벽을 쪼아 먹고 사는 독수리, 공중에서 위험을 무릅쓴 곡예사, 움츠린 몸을 부스스 털고 일어나 허공을 헤집는 솔개, 긴 수면을 취하고 싶어 세상과 담을 쌓고 햇볕을 거부하는, 바닥에는 실벌레가 득실거리고 곰팡이 냄새 맡으며 수백년을 무덤 속 미라처럼 산, 박쥐의 굳은 미소가 어둠을 타고 동굴 속을 헤맬 때

고독

지붕에서 짖어대는 까치소리 내 귀를 곧추 세운다 오늘은 어떤 소식 전해올는지 수많은 일 중 내가 하는 것은 마른 가지 물 짜기 가지 끝까지 물오르기 위해 나무는 얼마나 오랜 인내가 필요할까 구름 한 조각 산모퉁이에서 허리 뒤틀며 서 있다 유리창에 맺힌 물방울들의 톡톡 튀는 몸짓이 가을 햇살처럼 맑고 내 안을 차지하고 있는 문장들, 신선한 언어는 없고 숲에 빠진다 시들어가는 풀잎들 삼베옷, 질항아리, 절구 추억들 얼비친 사이로 희미해져 간다 삐걱이는 창틀로 별은 쏟아지고, 단단한 고독이 지키는, 폐가의 문턱에 바람 타고 날아오는 풀씨들

내 운문은 냄비다 한 행을 끌어내기 위해 볶고 쥐어짜서 건져 올린다 말 속에 질서가 있다 숙면에 들면 겨울이 온다 삭막한 나뭇가지 내장 깊숙이 꼬리를 감추고 살얼음으로 위장을 하곤 무덤이 된다 무덤 속에 살아있는 언어를 젓가락으로 뒤집어 찾는다 나와 사이에 벽이 생기고 찾으려는 내 속셈과 한치 양보 없는 언어 냄비가

다 끓어도 별은 보이지 않고 막막한 어둠의 세계, 캄캄한 둠벙에 돌을 던진다 길게 늘어지는 파열음만 공중에 물결치며 거푸집만 내는 문자

말들이 초록불로 깊어간다

문 밖에서 바람이 불러내자
나무들 말문이 트인다
마비된 관절은
얼음이 녹으면서 풀리고
가슴으로 부드러운 햇살이 스며들자
멈췄던 핏줄이 돈다
숨죽었던 줄기에 물기 오르고
탐스러운 새순 눈을 뜨자
가슴에 담아두었던 말들 쏟아져 나온다
말들이 물결친다
활짝 핀 웃음 퍼져나가고
숲은 그늘을 불러들인다
숲 밖에서 햇살이 불러내자
나무들 말문이 터진다
햇살 닿자 미소 짓는 말들
풍성한 계절의 푸른 열매들
뜨겁게 달아오른다
발갛게 익어가는 말들

내 안에 집어넣자 툭툭 튀는 불꽃들
초록불로 깊어간다

쥐라기 강

어스름이 짙어오는 호수강가
오리나무가 물속에 잠긴다
하늘을 이고 물구나무 서 있는 그림자에서 검은 공룡이 자맥질,
강물이 흔들리고
청둥오리 한 마리 푸드덕 날아오른다

검은 공룡이 물 계단을 타고 강물 깊이 내려간다
얼마쯤 갔을까
여기는 중생대, 쥐라기 강에서 흑인들이 낚시를 하고 있다
검은 공룡이 낚싯줄에 걸려나온다
쥐라기 숲에선 덩치 큰 공룡들이 찌릉찌릉 소리 지르며 달려가고
몸집 작은 공룡들이 떼 지어 나뭇잎을 뜯어먹고 있다
검은 공룡도 달려가 나무를 아삭아삭 씹어 삼킨다
울창한 숲은 황무지가 되고 황사바람이 몰아온다
순식간에 사막으로 변하고

공룡들은 뿌연 모래바람 속에 육중한 몸을 비틀거리며
쥐라기 강가로 몰려간다
중생대의 마지막 선물, 공룡의 출현은 즐거운 일이다
그러나 상상으로만 가능한 한 시대의 유물은 재생되지 않는다
공룡들은 뜨거운 태양아래 움츠리고 있다가 구역질을 한다
팔 다리가 화석처럼 굳어간다
검은 공룡도 물기둥을 타고 호수강가로 돌아와
물속 오리나무 뒤로 사라진다

안개의 뿌리는 단단하다

안개 속에서 말소리
말들이 둥글게 몰린다
시장바구니를 든 여자들이 장터로 몰려가고
좌판 위 생선이 옆으로 누워 있다
사람들 세상 보는 눈이 한쪽으로 몰리고
웅성거리는 손길이 바빠진다
안개는 물처럼 흘러 마을로 내려가고
사람들 파장하고 돌라갈 때까지
시장골목을 서성인다

안방과 뒷방 대청마루 추억이 묻어있는
뒤뜰까지 미세한 막을 씌운다
방을 둘러싼 안개는 자고 있는 아이의 이불이 되고
아이는 섬처럼 떠 있는 바다를 날개 없이 난다
파도가 밀려온다 하얀 바다가 달린다
안개의 뿌리는 단단하다 굳게 담은 입에 불빛이 비치고
붉은 혀로 나뭇가지를 물어뜯는다
점점 먹어 들어오더니 삼킨다

불나비처럼 나는 거미줄에 걸려든다

물방울이 강가에 집을 짓고
돌들은 구르고 굴러 물이 되었다
안개 너울 뒤집어 쓴 개들이 개집으로 들어가고
앞을 가로막는 안개의 불가사리를 나는 자꾸 뜯어낸다

숲을 삼킨 바위

바람을 집어넣고 더 이상 부풀 수 없어 굳어버린 바위, 곰보의 넋이 아닌가 야성 그러나 품성이 넓어 땅에서 버림받은 나무들, 풀들 거두어 풍성한 양분을 제공 한다 이끼들이 떠돌고, 담쟁이 넝쿨이 기어오르고 다람쥐가 지나가고 생수가 나오고 무거운 짐을 진 채 네발 달린 거북이가 되고

밤이면 어둠의 심줄 타고 표범처럼 일어나 소리 지르며 눈을 뜬다 광채가 난다, 환한 불을 켜고 숲을 삼키기 시작한다 얼마쯤 지났을까, 어둠이 비켜서고 나무에 걸린 달 조각들이 하얀 꽃을 피워 산그늘을 지울 때 다시 토해내는 생 최고의 성찬들 산양, 노루, 사슴, 멧돼지……

바위는 저절로 굴러 간다 깨끗이 비운 몸을 허공으로 채우며

울적한 마음에 갯바위는 폭발한다

넓은 바다가 한 눈에 들어오고 아침이면 뜨거운 수평선을 뚫고 솟아오르는 해를 보고 몸에 기어오르는 게도 다정하게 맞이하며 얼굴에 깔리고 간 갈매기의 분뇨를 밀물이 핥고 뒷걸음질 쳐 나가면 햇살에 몸을 말린다 검은 펄, 그 담백한 맛에 빨려들다 보면 허전함은 어느새 빠져나가고 갯벌 속에 서 있다

갈대가 길을 물어 왔다 질퍽한 길을 걸어가기에 어떤 눈물도 필요 없었다 갈대와 어울리고 바다에 엎드린 채 바람에 몸을 맡긴다 폭풍 치는 날은 내 속에서 으르렁 소리가 난다 사나운 사자처럼 독기를 세워 싸운다 온 몸을 던져 부서지던 파도가 슬그머니 물러나면 주위는 평온해지고 밤이 서서히 덮여온다

평생 불을 품고 산다 검고 단단한 몸이 짠물에 삭아 작은 돌멩이가 될 때까지 해풍을 의지로 한다 홀몸, 짐승 하나 오지 않고 적과 싸울 식구하나 없다 매서운 파도와 갈매기소리가 삶의 전부 울적한 마음에 부글부글 끓다

폭발하면 여가 되어 내 안의 어둠을 흔들어 댄다

묶음셋

폐선

폐선

남해안 끝자락 파도 마을 갈두리에 가면 목선 하나 갯벌에 누워 있다
비바람에 관절이 삐걱거리고 갯물에 삭은 팔다리, 절뚝거리며 언덕 위로 올라갈 수 없다
멈춰 있음의 지루함, 검게 타 버린 가슴 한 쪽 반달처럼 산자락에 매달려 외로움을 앓고 있다
온 몸에 묻어나던 등 푸른 생선의 비린내 하늘 높이 펄럭이던 만선의 녹색 깃발은 어디에도 보이지 않는다
나는 배 구석구석을 살핀다
버짐처럼 눌어붙은 갈매기똥 세월이 빠져나간 녹슨 못 밀물썰물 한 몸에 삼킨 입
내 폐경기의 골다공증처럼 침묵으로 뿌리내리고 황혼에 출렁이는 빈 배
농게 한 마리 뱃전으로 기어오른다 새 삶을 찾는 저 게의 무게, 배가 조금씩 흔들린다
두 눈이 불거진 망동어가 훌쩍 뛰어 허공을 차고 오른다

노랑머리 샴쌍둥이

물 먹는 콩나물
가녀린 몸에 맑은 힘을 기른다
쭉쭉 뻗은 외다리로 반듯하게 서서
골고루 물을 품는 힘의 균등
시루 속에는 민주주의가 자란다
고만고만한 키에 고만고만한 생각
평등 속에 자유가 있다
뿌리에서 외줄 타고 올라간 물의 희망
어머니는 늘 식사가 끝나면
샘물을 길어다 시루 속에 뿌려준다
발끝까지 시원하게 샤워하고 나면
콩나물은 한결 생기가 돋다
예쁘게 치장하고 소풍을 간다
나무다리를 건너 시루강 어귀에 모여
화음을 맞추는 콩나물들
머리를 노랗게 물들인 샴쌍둥이처럼
한 몸에 항상 두 개의 희망이 자란다

빗속을 걷다

비 내리는 아침
빗물에 섞어 세상 속을 걸어간다
가계들 아직 닫혀 있고
셔터문에 적막 간판처럼 붙어 있다
길들지 못하면 비켜서라는
마음속 다짐을 되씹으며
구두 속 발이 탱탱 불도록 빗길을 걸어간다
자귀나무 붉은 꽃이 시원시원
몸 푸는 언덕배기
패인 곳을 밟을 때마다 얼굴까지
튀어 배기는 흙탕물
세상 오물 뒤집어쓴 아픔 당하고서야
비로소 눈 뜨는 세상살이
물먹은 가로수가 빗속을 달린다
앞을 가리는 수직의 비, 우산살에 굴러
땅을 내리친다
언젠가 헌것 되어 버려질 우산
그 검은 날개가 나를 받쳐주지만

내달리는 빗물이 강으로 흘러
덮칠지 모르는 일
세상일에 쉽게 길들지 못한
내 마음이 빗속에 묻히는 일

빈 배 하나 강물 위에 떠 있다

나갈길 찾지 못한 여섯 갈래 바람

신들린 여자 흐느낀 소리 세차다
길 가다 옆길로 접어든 바람이
여섯 동으로 둘러싼 아파트에 갇혀
유리창 밖에서 저녁내 운다
머리 풀어 헤치고 요령 흔들며 떠돈다
언제까지 방황할 것인가
떼 지어 다니며 산산이 흩어졌다가
물살처럼 엉기어 한 몸이 된다
넘실대는 바다
깊은 수중에 살구꽃 흐드러지고
물살에 휩쓸려 무더기로 날리는 꽃잎
공중에 떠서 이리저리 몰려다닌다 잠잠하다가
고요가 축축한 시간에 젖어들고 나면
다시 유리창을 때리고
해장죽 휘어지는 소리
어떻게 몰아낼까?
아파트 유리창 밖에서 비명 지르는 바람
갈밭으로 변한 갈대 우는 소리

갈대로 찰랑이며 머리 흔들고 기웃거리지만
나갈길 찾지 못한 여섯 갈래의 바람
아직 길은 멀다
깊은 계곡, 회오리치는 바람소리
비상구는 없다

전망 좋은 방

거미는 대청마루에 앉아 있다
며칠 동안 밤낮없이 집을 지었더니
배가 고프다
나비가 달려든다
지난 밤에 맺힌 물방울들이
창문에 걸려 반짝 빛난다
지금은 시기가 아니야 아무래도
이슬 맺힌 집은 약해 뜯겨지면 안 되지
좀 참아야 해
나비가 날아갈 듯 창고에 갇혀버린다
할 수 없지, 마음대로 되지 않을 때도 있으니까
오늘 아침 밥은 그런대로 괜찮다
걸려든 대로 먹고 없는 날은 굶고
마음만은 편하다 그러나
태풍이 부는 날은 집이 흔들린다
지붕이 떨어져 나가고 기둥이 뽑힌다
잠시 나무 밑으로 피신하지만
재기를 노린다

전원주택을 지을까?
해안지대, 아침 해가 떠오르고 넓은 바다가 펼쳐진
전망 좋은 집 말이야

저수지에서의 하루

저수지에서 빨래를 한다
늦은 봄 햇살은 얼굴로 파고들고
빨래를 두들기는 방망이 소리가 물살을 타고
저쪽 강둑까지 울려 퍼진다
여자들은 잡담을 하고
나는 귀에 익은 헛소리로 흘러들었다
비누거품이 멀리 떠내려가지 못하고 뱅뱅 돌며
한사코 빨래 곁으로 모여든다
물살 따라 밀려온다
미련을 버리지 못한 저 고집
방망이로 휘휘 저어 아래로 몰아낸다
빨래를 끝낸 후 바지를 무릎까지 올리고
강둑에 달라붙은 우렁이를 잡는다
산란의 꿈이 깨어지는 순간
손에 쥐어지는 우렁이들
거품처럼 허무한 속은
모래알만한 새끼로 가득 차 있다
후줄근하게 젖은 채 나는 흘러간 빈 구름 한 가닥 잡아

빨래통 속에 넣어 집으로 돌아온다
기운 해가 절반쯤 앞마당 감나무 끝에 걸려 있다
옷을 갈아입는 동안
수문을 빠져나가는 물소리가 세차다

무너진 강둑

바람이 상처를 핥고 지나간다
지난 홍수 때 쓸린 상처가 더욱 덧난다
물결치던 앞날도 헌 헝겊처럼 펄럭이고
귓밥 울리는 고통이 계속 된다
문드러진 살에서 썩은 냄새가 난다
피폐해진 가슴의 빈틈을 뚫고
억센 풀들이 뿌리를 뻗어온다

점점 부식 된다
헐거워진 심장은 손바닥만한
혀를 내밀며 헐떡거리고
마디마디 풀어진 뼈에서 골수염이 쑤신다
몸은 천근같고 모래알이 티눈처럼 박혀온다

그러나 찬바람은 보약
늘어진 심줄이 팽팽해지고 물러진 살이 아물었다
바람이 사타구니로 불어오고
골고루 햇볕이 투사되었다

얼음이 뼛속까지 파고드는 맵찬 겨울
눈보라가 후려쳐도 기다린다
언젠가 제방공사가 이루어지면
튼튼한 몸으로 물고기와 더불어 살아갈 것이다
달빛이 밝다 강물에 비친 내 얼굴에 화색이 돈다

모호한 여 약사의 웃음

유리문에 소임약국이라 써 있다 밀고 들어서면 가운을 입은 중년 여 약사가 덧니를 들어내고 반긴다 손님들이 줄을 선다 긴 카운터 중간 중간 양난이 혀를 내밀고 웃고 있다 진열장엔 약곽으로 포장된 약들이 칸칸 제자리를 잡고 있다 색색 쓰여진 이름들, 약곽을 뜯어내면 쌀알 같은 알몸들이 쏟아져 나온다 나는 병원에서 가져온 처방전을 내민다 약사의 통통한 손이 자주 움직이며 조제를 한다 한포씩 먹는 약, 환자는 약이 힘이다 명주실처럼 풀어진 햇살이 약국 안으로 가득 찬다 출입문 옆 동백이 햇살에 반짝인다 모호한 여 약사의 웃음이 길게 늘어지며 손님들 손등을 다독거린다 밥상처럼 차려진 오후 2시 안개빛 여운을 남기며 진열장 뒤로 사라진다 약국을 나온 나는 벌써 열이 내리고 마음이 풀잎처럼 팔팔해진다 밤새 젖은 지붕들이 이슬을 걷고 수줍게 웃고 있다 길 건너 은행나무 뒤쪽에서 불어온 바람이 나를 보듬고 몇 바퀴 돌더니 약국 모퉁이로 사라진다

사막은 우기 때 꽃이 핀다

불모의 땅 사막에 갇혔었지 밤이면 모래요정들이 나를 들러 싸고 놀아 주지만 낮에는 강열한 태양아래 먼지만 풀풀 날리고 있었지 능선을 따라 몰아치는 바람이 바닥을 핥고 지나가면 나는 모래무덤 속에서 헤어나올 수가 없었던 거야 나는 건기가 지나가고 우기가 되면 활짝 필 꽃씨를 품고 있었지 내 위로 낙타가 지나가고 출렁거리는 물소리가 들렸어 깎아지른 절벽에서 짐승 우는 소리가 들렸고 황사바람이 사막을 한바탕 쓸고 나면 우기가 시작 되었지 나는 쏟아지는 빗소리에 생기가 돌았어 말랐던 입술이 달싹거리고 건조한 눈에서 물기가 돌았지 불모의 땅에 꽃들이 앞다투어 피기 시작한 거야 코끼리들이 아나나무 그늘에서 쉬고 있었고 들소 떼들이 모래강가에서 알타미라 벽화 같은 포즈를 취하고 있었지 풀밭에서 풀 뜯던 기린이 긴 목을 빼고 그리움을 말아올리고 있었어 나는 꽃이 활짝 핀 사막 한복판에 서서 보라색 꽃 한 송이 꺾어 앞 호주머니 속에 꽂아 넣고 있었던 거야

세상을 버티는 힘

뿌리 깊은 나무는 기울지 않는다
땅속으로 심지를 돋우고
잔 손 벌려 흙을 끌어안는다
가지마다 길을 내고 힘껏 솟아오른다
밤마다 별들이 내려와 놀다 간 뒤로
잎들은 별빛 되어 반짝인다
반짝반짝 손바닥을 내보일 때
나무들은 힘이 솟는다
오랜 세월 침묵할 수밖에 없었던 나무
보이지 않는 나이테, 가슴에 숨기고
흔들리지 않는 힘으로 세상을 버틴다
사람은 나무 없이 살 수 있을까
일렬종대 바람의 귀 세우고 행진하는 나무들
밤마다 태어나는 짙푸른 잎들
오늘도 사람들은 나무 아래에서 심호흡을 한다
허리를 폈다 굽혔다
세상을 버티기 위해 뛰어간다

목회자의 길

나무는 일상을 땅 힘에서 끌어올린 큰 기둥 하나로 버틴다
많은 이파리를 펴뜨려 공간을 확보하고 들어오는 바람을 막자는 것
자세히 들여다보면 잔잔함이 있다
나무들은 스스로 감정을 다스리지 못하고 실낱 같은 바람에도 자주 흔들린다
위로는 햇볕을 빨아들이고 아래로는 그늘을 늘어뜨린다
일에 지친 사람들, 피로를 풀기 위한 쉼터를 만든 것이라고 누누이 말한다
몸에 푸릇푸릇 물기가 솟아오르면 속에 품었던 아름다운 꽃들을 풀어놓는다
바글바글 웃음소리가 길가로 흘러나왔다
나무들은 평화를 원한다
나무들은 원하는 것을 다 가지고 있다 원할 때마다 계절이 바뀌고 비우고 싶으면 스스로 떨어지는 욕망들
궂은 것을 가리고 있던 나무들은 실오라기 하나 걸치

지 않고 목회자의 길을 간다

긴 겨울, 눈보라 속을 우뚝 서서 홀로 걷는다

내 발은 나뭇잎처럼 가볍다

산은 듬성듬성 속을 비우기 시작한다 나뭇잎으로 겹겹 껴입었던 산 뱃속까지 다 보여주는 산이여 이제는 감출 것이 없으니 너와 나는 자유의 몸이다 나를 따라 흐르던 길이 네 심장부로 발을 내딛일 때 불쑥 튀어나오는 빛은 없었다 낙엽 밟는 등산화가 폭신하다고 미소 짓는다 무성했던 생각을 땅에 내려놓고 어느 하나라도 소홀할 수 없었던 말들 썩어 나무들 밥이 되고 빈 하늘로 속을 채우는 산이여 정상이 밀치는 바람에 바지가랑이 실밥 터지는 줄 모르고 계곡으로 빠졌다 아늑한 방이었다 삐걱거리는 관절에 젖은 물기 내리고 마른 손 뻗어 숨죽이고 있는 나무들 한쪽 귀가 시리다 생솔가지 피어오르는 호암사 주지 스님 뱉은 기침소리가 뒷길 나무계단에 매달리는데 내 발은 나뭇잎처럼 가볍다

깊어가는 우물

1

고향집 뒤뜰에 오래된 우물
조금씩 삭아간 삶의 흔적
뚜껑을 열고 들여다보면 쪽빛바다가 떠 있다
흐름을 막아버린 저 뚜껑, 묵묵히 하늘만 쳐다보고

어머니가 보고 싶을 땐 고향에 간다
뒤뜰 우물이 먼저 반긴다
헐레벌떡 옷자락 풀잎에 스치며 달려간 나에게 객지 고생이 어떠냐고 묻는다
언젠간 어머니를 기다리다 굳어버릴 몸
세월의 이끼 화환처럼 달고 무성한 잡풀 속에 묻혀
고색창연 날로 깊어간다

2

퍼도퍼도 줄지 않는 탯줄
흐르는 물소리 내 방까지 들리고 베갯잇을 적십니다

지금은 이끼만 자욱해 냉장고 속에서 보리차로 대용하지만
그 포근한 물맛은 언제나 그립습니다
깊은 바다 속 혈관에서 퍼 올린 물결치던 투명한 얼굴
어머니 가슴처럼 솟아오르던 젖무덤
두레박으로 떠먹던 일이 엊그제 같은데
오늘은 봉분만 남았습니다

3
마음속에 자라고 있는 우물 하나 있어
날마다 물을 긷네
너무 깊어서 세상에 내놓기가 어렵네
잃어버릴까 밤마다 품는 꿈을 꾸네
어쩔 땐 기억 밖에서 떠돌다가 어느 날 갑자기 낯선 얼굴을 내밀어도 금방 알아보곤 하네
한 눈 팔다보면 아주 잊어버릴 때도 있네
그러나 태엽처럼 늘어진 마음은 길게 뻗어 우물에 닿고
꽃은 다시 피어오르네
우물 속에는 항상 맑은 물이 흐르네

외출

화려한 외출을 하고 싶었다 아파트 정문을 나선 나비는 들뜬 마음으로 넓은 바다를 횡단한다
자동차들이 오가는 사거리 물결 속을 헤엄쳐간다

겁 없는 나비, 유리창이 빤히 보이는 고래 속으로 사라졌다 뒷문으로 나와 흰 날개를 펄럭이지만
쳐다보는 사람은 없다

스스로 비애를 느끼며 고치 속에서의 일을 기억한다
수일 동안 배냇잠 자던 아늑한 방에서 가벼운 삶이지만 세상을 날아오르는 단단한 날개에 화려한 무늬를 달고 싶었다

길은 멀고 태양은 뜨겁게 달아오른다 지워질 것 같은 날개는 땀이 배어 무겁고 아슬아슬하게 날아가는 나비에 햇살이 꽂힌다
흔들리는 몸이 불안 하다

나비는 허탈한 마음으로 돌아온다 먼 여행은 무리야 나는 화단에서만 살아야 돼 담 위에서 쉬었다가 고단한 밤길을 옮긴다

희미한 외등이 나뭇잎 사이를 비추고 고요한 바다는 깊은 잠이 든다

바람소리 한치 더 맑아진다

대숲은 정거장 발 부르튼 바람 지나다 쉬어가는 곳
유유히 흐르다 슬쩍 빠져나가면 금세 모여든다
항상 바람이 고여 있다 몸 가득 채워 넣고 출렁인다

대밭은 갈대덤불처럼 푸석거리는 새의 휴게소
출렁이는 대밭 지저귀는 새소리
비온 뒤 한치 더 자라고 바람소리 한치 더 맑아진다

대숲은 깊고 음습한 곳 항상 윙윙대는 바람소리
바람은 물결 같은 것
부딪치는 댓잎에 아무리 베어도 상처는 없다

바람 부는 날 뒤 텃밭 무꽃 지고 나비는 대숲으로 들어
간다
알들이 댓잎을 돌돌 말아 이불로 덮고
밤새껏 흔들리는 애벌레의 꿈

대숲은 떠나는 바람의 정거장 오늘 대나무집 딸 시집

가고

마을은 슬픔에 젖는다 대나무도 하루 종일 운다

바람이 분다

길게 물든 노을이 일일이 댓잎을 훑고 있다

얼굴 없는 부처

극락사 뒷산 오솔길로 한참 올라가면 얼굴 없는 돌부처가 있다
메주 형상을 하고 몸통 캐낸 탯자리 샘 발아래 흐른다

속내 내비칠까 물에 비치는 제 모습 흩뜨리고 쌓아온 숨은 공덕 가슴에 쟁여 넣고 겹겹 세월 실타래로 감아올리고 있다
미세한 돌 틈으로 숨결 불어넣어 극심한 가뭄을 견뎌낸다

세치 방 한 칸 기왓장은 헐어져내려 뜰에 뒹굴고 졸졸 흐르는 계곡물소리 쟁쟁한데 산봉으로 가는 길은 있는가
산봉에서 불어오는 바람 없고 새소리만 발치에 걸린다

베일에 가린 채 항상 뒷전에서 먼 산 굽어보시며 때를 기다리는 부처님 굽이쳐 흐르는 시간 속에 몸을 낮추고 있다가 당장 불끈 솟아 두 손 합장하고 세상에 나오신들

누가 탓할까
　부처께서 원하시는 석공의 꿈 돌을 갈아 가사로 삼고
이목구비 뚜렷한 모습 언제 볼 수 있을까

　보이지 않는 입가의 미소가 굳게 닫힌 마음을 열고
　지금 세월의 때를 하나씩 벗기는 중이다

동백, 배꼽 떨어진 소리

그녀는 아침이면 수북이 떨궈놓은 동백꽃 줍습니다 배꼽 떨어진 소리 아직 마당가에 가득한데 빗자루 털며 민망함 다 쓸어갑니다 곱던 손마디가 나무껍질처럼 굳어졌습니다

한낮의 소나기가 한데 어우러진 동백꽃 열기를 식혀주고 강건너 도망가면 몇 개의 물방울만 입술에 맺힐 뿐 남는 건 아쉬움 뿐입니다

그녀는 신발에 묻은 황토 땅바닥에 털며 물줄기 꼿꼿이 세워 흘러가는 강 앞에 섰습니다 가난한 한때, 시름없이 떠내려가는 강물을 바라보면서 남편과 나누던 삶의 이야기들을 동백은 알고 있습니다

고여 있지 않고 흐르는 빗물에 옹알이 하는 젖멍울 핏빛 봉오리가 나날이 벌어지고 꽃잎도 무르익고 있습니다 저 붉은 기운이 그녀를 봄 동산으로 몰아냅니다 강건너 아지랑이 길모퉁이에 움츠리고 있는데 짙은 잠에

젖어 아직 깨어나지 못한 동백꽃 좁은 잎 사이로 가슴
따뜻한 아침 햇살 한줄기가 파고듭니다

그믐밤의 물살이 바위에 부서지는 파장 구름처럼 흩어
지는데
밤새 떨어뜨린 붉은 마음을 모른다 할 수는 없습니다

묶음 넷

썰물 운동장

썰물 운동장

점점이 출렁이는 파도들
어느집 아이들이 뛰쳐나와 물결치는가
서로 어우러져 뒹구는 모습은 어느 나라 풀들보다
단단하다, 이마가 넓은 풀들
썰물이 빠져나간 운동장은 쓸쓸하다
구석구석 정지된 물살 소리
하염없이 먼 산만 쳐다보는 나무들
유리창마다 햇볕이 물들던 청소시간
꿈틀대던 생명체들
지금은 휴식 중

달팽이 핵

목련꽃 피고
달팽이가 들어가 느릿한 몸을 뒤척인다
여인의 품속에 낯선 남자가 안겼다
봉창 문턱에 담뱃재 털며 빼끔빼끔 피어오르는
검은 연기 사이로 흰 구름 떠간다
달팽이의 느물거리는 혈흔
목련꽃 속에 번지고
물결무늬 어룽진 가슴 봄바람 분다
달밤이면 담벽에 핵을 그리는 달팽이
사람들 손에 해삼처럼 뭉클거리는데
부드럽고 물렁한 달팽이의 달밤
흐무러진 맨살이 창백하다
목련꽃 지면 풀잎으로 돌아오는
얄밉고 싱거운 한 생명

넝쿨장미

철조망 울타리 가에 넝쿨장미 기어갑니다
바라보는 마음이 장미꽃보다 붉고
달빛까지 밝아 온 몸이 장밋빛 입니다
심장을 녹일 듯이 자지러지는 웃음에
사람들 흠뻑 젖어듭니다
달빛에 취해 화사한 웃음에 취해
사람들 들뜬 마음으로 마을을 내려갑니다
모두가 편안한 밤입니다

가시에 찔린 사람들 슬픔이 내 어둠인 것 같아
훨훨 털어버리고 큰길가로 나섭니다
확 뚫린 앞길이 환해보입니다
상처가 나을 때쯤 달빛은 한 쪽으로 기울고
기운 달을 등에 업고 사람들은 집으로 향합니다
철조망 앞에서 달을 쳐다봅니다
장밋빛 마음은, 달빛 받아 밝고
달빛 밟고 가는 사람들 장미만큼이나 붉습니다
모두가 환한 밤입니다

삶의 터널을 힘겹게 달려온 여자들

달개비

낡은 울타리 밑에서 페달을 밟으며
늦게까지 바느질을 하고 있다

작은 얼굴에 주름살 가득 한데
사립문을 열고 서서

아이들을 기다리는 어머니

석란

우뚝 솟은 벼랑 위에 석란이 매달려 있다

격랑의 파도와 억센 바람을 견뎌온 여자

발 하나를 허공에 내민다

저 여자를 말려야 한다

박꽃

밤길가다
길가에 앉아 하늘을 보네
유월 보름달,
부딪치는 눈빛 수줍어

박동소리 안으로 안으로 숨죽이며
견디다 못해 폭발해버린
긴 한숨

가는 길이 멀어서
다소곳이 앉아 있는
섧은 마음 풀어놓고
님을 기다리는 창백한 여자

할미꽃

억새 같은 생애, 그래도 미련 있어
이승 꽃으로 피어

납골당 마른 바람에 고개만 흔들고 있네

양지도 서럽다고 땅만 내려다보는
새색시 얼굴

진달래

오늘 하루가 지루한 것은
동작동 고가도로 국립묘지 벼랑에 있는
진달래가 고달프게 보여서다

저 씁쓸한 웃음 아슬아슬한 생명력
연속 밀리는 자동차 불빛 외면한 채
먼 산 뒤쪽으로 눈을 돌리는

바위를 뚫고 당당하게 서서
불을 밝히고 고함을 쳐대도
누구 하나 쳐다보니 않는 외진 삶
흑백 사진처럼 낡은 기억 떠올리며

옛 추억을 들추다가

벼랑에 달빛 걸어놓고
야밤을 틈타 외갓집 다녀오시던 어머니
허공에 옷고름 날리며 고개 너머 솔밭에서
솔잎 따던 어머니

민들레

내 꿈의 잔해들 빈 꽃대만 남아
누구를 기다리는 낡은 집인가
세월의 덫에 걸려 앙상한 뼈만 조금씩 삭아가는
언제 날아갈지 모르는 이 가벼움
풀꽃의 이름으로 사라지기에 밤이 너무 캄캄해
한낮 태양으로 온 몸을 태우고 있다
망연한 아침, 나는
묵묵히 내 자리를 지킨다

아버지의 노을

저녁 연기 솟는 마을
아직 지붕에 눈이 수북하다
개는 큰길 쪽을 향해 짖고
아버지 기침소리 골목을 적신다
겹겹 껴입은 속옷 속으로 찬바람 새어들고
고희에도 손수레 끌고 가는 굽은 등엔
바위처럼 묵직한 삶의 흔적이 배어 있다
소매자락에 삐져나온 실밥은 눈물자국
갈라진 손가락 끝은 한 겨울에도 지워지지 않는다
한 번도 봄을 느껴보지 못한 아버지
희끗한 머리칼엔 가랑잎처럼 눈발이 날리고
아물지 않는 가난 허리춤에 숨긴 채
양쪽 어깨에 노을이 무겁다

이른 새벽 닭 우는 소리로 마을은 동이 트고
잿빛 햇살 토방마루에 비친다
텃밭 고랑은 눈이 쌓이고
눈 덮인 배추는 봄을 기다린다

땅은 겨우내 얼었던 몸을 녹이면서
불끈 주먹을 밀어 올린다
아버지는 곡괭이로 흙을 고른다
올해는 고추를 심으실는지
주름진 얼굴을 활짝 편다
건너편 씨방에선 새살 트는 소리
쏟아지는 햇살 속 아버지의 푸른 발자국
부르튼 입술에 노을도 가볍다

헌옷 벗어버린 뼈, 초분草墳

해풍이 수시로 드나드는 산골짝
초분 하나 덩그렁 앉아 있다
검게 삭은 이엉
북쪽으로 향하고
까마귀 서너 마리 때 없이 운다
찬바람 끼어들어
시린 삭신 녹이고
헌옷 벗어버린 뼈
영혼 달래 무거운 짐 벗고
저승길에 오른다

바다 끝자락
잔솔가지 피어오르는 마을 지나
물굽이 산굽이 휘휘 돌아
꽃길 지나갈 때
어느 구름에서 나비 떼 날아와
하늘길 인도할까

빈손도 무거운 구령 넘어
영영 돌아오지 못할 길
억새바람에 옷자락 날리며
깊은 강 건너갈 때
지은 죄 씻어내고
맑은 몸 하늘에 닿으리

세월 속의 고무신

서랍 속에 추억 한 장 졸고 있다
왼쪽 귀퉁이가 떨어져 나간 빛바랜 사진
사진 속 뒷길로 걸어가다 보면
유년의 기억이 묻어나온다
두엄 재바구니에 담아 텃밭에 뿌리던
마디 굵은 손
곱게 빗어 내린 북계*머리
하늘은 비가 내릴 듯 회색구름 뒤집어쓰고
그 아래 참외밭에선 노란 이내가 피어올랐다
한 바구니 이고 집으로 돌아와
마루에 내려놓고 저녁 지으시던 할머니
무명치마 밑으로 다 닳아진
고무신 코끝이 어렴풋이 보인다
긴 강을 건너 내 앞에 놓인 사진 한 장
나를 바라보는 눈에는 그늘이 서려 있다
오랜 시간 방치해 놓았냐고 나무라는 눈치다
왠일일까?
할머니의 나무람이 귀에 들리지 않는다

그 동안 잊고 살았던 세월이 너무 긴 탓일까
하늘은 두터운 구름으로 덮여 있다
힘겹게 살아온 삶만큼 할머니, 주름살 골이 깊다

*북계: 시집 간 여자들이 뒤통수에 머리칼을 땋아 틀어올려 비녀를 꽂은 모양.

숨쉬는 돌무덤

의정부시 장암동 동막골에는 수락산 산신 할아버지의 치성터 돌무덤이 있다 물길이 좋은 샘터에 돌을 쌓아 만든 성황당 동서남북으로 숨구멍을 내고 산신 할아버지가 수시로 들락거리며 산세를 살폈던가 검버섯이 몇 겹으로 덮여 있다

돌무덤 위에는 안개가 쌓이고 허리 굽은 소나무들이 문지기처럼 서 있다 낡은 새끼줄로 칭칭 감아올린 팔다리들 돌무덤과 생을 같이해 온 수호신 아닌가

나는 소원을 빈다 한 모금 물이 그리워 찾아온 곳, 철조망 너머로 소망을 불어 넣는다 어떻게 하면 사직처럼 버티고 있는 저 단단한 돌들의 침묵을 깨고 성스러운 세월의 무게를 끌어낼 수 있을까

생사가 넘나드는 돌무덤 누구도 삶의 전환에 자유로울 수 없는 것 소나무에 빨강 노랑 파랑 삼원색의 헝겊이 펄럭이고 고수레로 뿌린 밤 대추 마른 명태가 몰락의 강

을 건너고 있다

개울가에서 방망이 소리가 들린다 여인들이 옥양목 홑청 빨아 자갈위에 널어놓고 화전 부쳐 먹으며 하루해를 즐기던 곳 해가 산머리에 넘실대면 빨래 주섬주섬 담아 이고 한 아름 진달래 꺾어 집으로 돌아 왔다 산세가 좋아 명이 길다는 동막골 노인들 성황당 곳곳에 내 집처럼 城을 쌓는다

눈시울 붉은 선인장

사막에 비가 와야 가시가 돋고
풍성한 가시달린 선인장은 힘이 세다
선인장은 비가 올 때까지 온 힘을 다 해
가시를 밀어 올려야 한다
가시에 찔린 하늘이 비를 쏟아낸다
울컥울컥 쏟고 나면
가슴이 확 트인다
바람이 회오리칠 때
모래가 날리고
선인장은 힘껏 몸을 움츠린다
안으로 찔러대는 가시에
가슴 저린 사막은 운다
노을에 물든 낙타의 긴 울음
눈시울 붉은 선인장은 입술이 타고
가시에 찔린 제 안의 울음 토해내며
사막의 길을 넓혀간다

바다 속을 헤엄쳐가는 낙타

낙타가 길을 물어 왔다
갈증을 태우며 길하나가 그 앞에 서 있다
낙타는 순한 눈을 깜박이고 코를 벌렁거리며
발을 모래 위에 내딛는다
옮기는 발끝마다 모래가 날린다
하루의 시간이 지루하게 달라붙는다
사평선에서 몰아오는 모래바람이
낙타의 등을 후려친다
뽀얀 안개에 덮여 걸음을 멈춘다
등지느러미 흔들며 바다 속을 헤엄쳐가는 낙타
깊이 패인 발자국마다 물풀이 돋고
거북처럼 늘어진 마음이 길을 재촉한다
초원에 닿기까지 낙타의 물집 잡힌 발은 상처 깊고
밤은 서서히 비를 기다린다
빗줄기가 바닥을 적신다
낙타의 촉촉이 젖은 눈 강물처럼 출렁이고
강물은 흘러 초원에 닿고
녹지대에 짐승들 모여든다

사자가 바위만한 누 한 마리
물어뜯고 있다

발코니에 앉아 있는 노인

노인은 버지니아 주 조용한 주택가
발코니에 앉아 있다
탁자 위엔 물병이 놓여 있고
그는 날마다 사막을 걷는다
누더기를 걸치고 황량한 모래바람 속에서
넘어지면 다시 일어나
등에 돋은 고독 한 점씩 꺼내 태양에 말리며
고비 사막을 건넌다
갈증이 나면 탁자 위에 놓인 물 한 모금씩 마시며
천천히 발걸음을 옮긴다
의자에 기댄 채
한 줄기 빛을 고대하며
사구에서 몰아오는 모래바람을 이불로 삼고
아이처럼 엎드려 잠을 청한다
전갈은 느린 걸음으로 발밑으로 기어들고
주위는 어둠으로 휩싸이는데
저 아득한 사막의 길
걸음은 자꾸만 제자리에 머물고

마음은 무겁고
노인은 송굴송굴 매달린 이마의 땀을
수건으로 닦는다

그랜드 캐넌

심줄처럼 흐르는 강
큰 물살 빠져나가고 암반 녹아내려
추억의 층을 이룬 거대한 몸
쿵쾅거리던 물살의 힘줄은 어디로 갔는지
지하의 계면쩍은 바람만 불고 있다
머리에 깃을 꽂고 말 몰아치던
인디언들의 함성의 흔적은 없다
인디언들의 마지막 보루, 깊은 암반위에
쓰러져가는 집을 짓고 엉덩이 같은 텃밭 일구며 산다
삶터를 무너뜨린 저 집요한 집착, 물의 힘은 위대한 것
얼마만큼의 넓이로 더 깊어갈지 알 수 없다
바위틈에 몸 사리고 한때
왕성한 독을 내뿜던 방울뱀들 전설처럼 사라지고
오랜 세월에 묻혀져간 강줄기
허공만 키우고 있다 강물대신 노을 담고 출렁인다
다 비워버린 허구
허상만 빈 허위대처럼 널브러져 세월을 싣고 간다
항해중인 선박, 거구를 이끌고

어느 항구로 출항중인가
회오리바람 몰아치는 저 암반 가장자리에 다복솔 자라고
공간의 혀들은 날름거린다
계곡의 전령들이 으르렁거린다
혈관 타고 흐르는 강, 실 같은 허리에
관광객 실은 배 한척 유유히 떠간다

꺽지의 집

물살을 피해 돌 밑으로 숨어든 꺽지
정지된 상태에서 꼬리만 흔들고 있다
손전등 불빛따라 돌 밑을 더듬던
사람들 손에 푸덕거리며 잡혀나오고
계곡은 뽀얀 안개로 덮인다
발부리에 신경 곤두세우고 있는 나무들
언젠가 이 강을 건넜을 것이다
발부리에 걸린 돌멩이 넘어지고
물살에 불려간 꺽지는 길을 놓친다
야행의 밤은 깊어가고 홀로 남은 계곡
산란의 꿈은 흔들리고
꺽지는 마음이 타들어간다
계곡이 그리웠으리라 산란의 집 짓지 못한 달밤이
그리웠으리라

강은 꺽지의 우주, 집이자 텃밭
돌 틈에 집을 짓고 모래 방에 알을 낳는다
부단히 오르내리는 강 언덕

한들한들 물풀처럼 떠다니는
치어들 몸놀림이 분주하다
꺽지는 먼 바다에 나가 사냥을 하고
도둑을 막기 위해 망을 본다
강도 화가 날 때가 있다
강바닥을 붙잡고 늘어지는 자갈들
해일처럼 일어나는 물살을 타고 요동친다
꺽지도 요동친다
강이 무너질 때 안개꽃 피어내던 가슴은
망가진 수문을 닫고 텃밭을 끌어안는다
제 품안의 자식 다스리듯 물속 집이 조용해진다

강 · 1

낮게 엎드린 강, 속마음 드러내지 않습니다
내 마음 물결에 실려가고
아이들도 강둑따라 흐릅니다
강바닥을 거슬러 오르는 물고기들
몇 번이고 되풀이하는 연어를 강은 슬그머니 놓아줍니다
웅덩이 물도 얕은 강으로 흘러가고
얕을수록 바닥까지 비춰주는 강
사람들 그림자까지 마음에 담아 보여주지요
하지만 깊은 강은 잔잔합니다
마음 깊은 사람 고요합니다
비록 누가 흔든다 해도
잠간 쏠렸다가 제자리로 돌아갑니다
물고기들도 이리저리 흩어지다 잠잠해지고
금방 헤엄쳐 다닙니다
밤마다 하늘가를 뛰어놀던 아이들도
강가에 와서야 마음을 놓습니다
들꽃 하나씩 따 강물에 띄워 보내고
강의 깊이를 가늠해봅니다

강에 돌을 던지면 쌓인 돌만큼 수심水深은 낮아지고
그대 강심江深도 맑아집니다
물이 적을수록 맑고 많을수록 푸른 강
강심을 들여다보면서 강물에 마음을 비춰봅니다
푸른 강은 속내를 알 수 없듯이 내 마음 푸른 속 알 수 없고
강과 나는 한 몸이 되어 흘러갑니다

강 · 2

아파트가 줄줄이 서 있는 중랑천변
백로 한 마리, 등불 밝혀 하늘길 찾아가고 민물도요, 날쌘 몸 움직이며 바닥에 부리 대고 어둠을 쪼고 있다
산그늘이 점점 짙어간다

차도의 가로등 불빛이 강으로 뛰어 들어 불기둥을 이루고
별빛처럼 반짝이는 강 끝 마을 아파트가 하늘에 매달려 있다
물주름 속에 묵묵히 제 자리 지키고 있는 아파트가 불을 켠 채 존다
적막이 어둠 속으로 숨어들고 주위는 한참 엄숙해진다
아직 고요한 물 속 궁전 그대로이다

하루살이가 잠이 덜 깨었는지 희미한 불빛 사이를 허망 짚어 날아다닌다
잔광처럼 남은 불빛 한 토막이 아파트 둔치를 뒹굴다 강물로 굴러 내리고

길게 뻗은 둑길이 어둠에 묻힌다 가까이 갈수록 밝아지는 어둠속 길이 선명하다

바람이 제방에 핀 들꽃 어깨를 다독거린다 물살 따라 흘러간 어둠이 날아가는 새 등에 화살로 꽂히고

물풀들 강물 따라 아랫마을로 흘러간다

문득, 강 끝에서 기타 소리

강·3

1

퇴적층이 강 한가운데 지주처럼 버티고 있다
가슴에 막힌 바위덩어리를 피해 흐르다 한 여름 홍수 진 날은 강 끝에서 울음소리
황토물 거센 물살에 가구가 떠내려가고
물풀들 머리에 손을 얹고 뜀박질을 한다
새들이 강을 떠나고 빌딩 그림자가 물속에서 흔적을 감추고
젖은 집들이 저마다 희미한 외등을 단다
외로운 것들만 모여 사는 강, 그러나 쉴새없이 흐르는 강은 세간을 챙기기 시작한다
물풀들이 몇 시간씩 물속에 잠겼다 일어나 저녁상을 차리고
앙금을 바닥에 깔고 뒤틀며 흐르는 강줄기에 새살이 돋는다
몸은 물이 흐르고 날개깃을 펄럭인다

2

인부들이 제방의 묵은 살 드러내고 새살을 붙인다
나도 묵은 생각 버리고 새 생각 한다
새살 위에 붕대를 감고 새롭게 태어나기 위한 몸부림이 눈부시다
강에 대한 모든 일은 강에서 이루어진다
강줄기 따라 양 어깨에 짊어진 저 무거운 돌들이 제자리 잡아갈 때
강은 제 모습 드러낸다
거세게 흐르는 물소리, 물살 좋은 곳에 물고기들 파닥거리고 시리도록 맑은 물줄기가 강 끝으로 흘러갈 때
내 마음의 강줄기도 소리 내며 흐른다
치솟는 저 물줄기가 강을 넓혀가야 내 안의 강도 넓어진다
제방이 새롭게 태어나고 거기에서 풍기는 신선함이 기쁨을 준다면 즐거운 일
붕대 위에 돌을 쌓고 굵은 쇠철사줄로 얼기설기 얽어매면 공사는 끝난다
날렵한 강, 물의 흐름이 제대로 이루어지고 강은 희망을 피워 올린다
굴착기가 떠나고
강은 힘이 솟아오르고

팽나무는 숲을 향하여 걸어가고 있다

몇백년 된 팽나무 고목이 있다
다가가 껴안자
슬쩍 눈을 감고 내 안으로 들어온다
세월에 패인 상처에 새살이 돋고
굳은 근육이 풀어져
젊고 푸른 나무가 된다
새로운 가지가 뻗어가고
탐스러운 잎들이 나풀거린다
몇백년 전 나무로 돌아간 것이다
저 나무에서 무슨 꿈을 캐낼까?
꽃이 피고 열매가 열고
반짝이는 눈들이 붉어지고
가슴이 터질 것 같다
씨앗들이 몸 밖으로 튀어나와
여기저기 흩어진다
어느새 싹이 트고 숲이 우거지고
나의 존재는 차츰 작아진다
그들 속에 묻힌다

팔이 잘려진 팽나무는 눈물을 흘리고 있었다
불룩한 배는 미움으로 가득 차고
자신을 한탄하고 있었다
이 이상 괴물이 될 수는 없었다
가지마다 새싹을 틔우고
겨드랑이에 힘을 불어넣었다
부지런히 잎을 피우기 시작 했다
발끝마다 심줄이 붉어지고 피가 솟아올랐다
다 시든 고목에서 생기가 돌고
눈은 광채가 난다
이제는 건강한 나무로 자라날 수 있어
멋없이 가늘고 키 큰 나무보다는
통통한 나무가 훨씬 좋을거야
모두들 그렇게 생각하고 있을거야
어서어서 열매도 맺어야지
사람들이 등을 대고 누울 수 있도록
그늘도 만들어야지
될 수 있으면 다보록하게 팔을 쭉쭉 뻗어가야지
팽나무는 펭귄처럼 뒤뚱거리며 숲을 향하여
걸어가고 있었다

| 작품해설 |

녹색의 생태마을에서 열리는 공존共存의 영상미학

- 정다정의 시세계

송 용 구 | 시인, 고려대 연구교수

| 작품해설 |

녹색의 생태마을에서 열리는 공존共存의 영상미학

- 정다정의 시세계

송용구 | 시인, 고려대 연구교수

정다정은 숲의 시인이다. 미국 생태문학의 효시 헨리 데이빗 소로우의 '월든' 호숫가에 펼쳐지는 숲을 연상케 할 만큼 정다정의 시에 묘사된 '숲'은 수많은 생명체들을 끌어안는 어머니의 넉넉한 품 속을 보여준다. '숲'은 생명을 지닌 모든 것들의 터전이자 안식처이다.

숲과 새는 한 가족, 나무를 날아다니며 숲을 사랑한
새, 숲이 한번 날갯짓을 하자 울렁울렁 멀미가 난다
숲이 학처럼 날개를 접는다 그 속에서 알을 품던 어미
새, 어느 날 새끼들을 데리고 훌쩍 떠나버렸다

사랑을 잃고 깊은 잠이 든 숲, 바람이 흔들어 깨워도 눈 뜨지 않고, 나비가 나풀나풀 건드려보지만 여전히 겨울, 아직 침잠沈潛중인 숲은 고요하다

지나가던 꾀꼬리가 조용한 숲을 들어다 보았다 저 황홀한 침묵, 꾀꼬리는 노래를 불러 새들을 불러들였다 계보를 만들고 질서를 지켰다 계보는 새의 힘 그들은 왕국을 이뤘다 기억을 더듬어 조상을 섬기고 자손 대대로 이어갈 수 있는 터를 닦았다

새의 어울터인 동백 숲, 그늘과 바람이 응집된 곳, 가지마다 흔적을 남기고 뚝뚝 떨어져버린 동백, 집단체제를 갖춘 새들, 그 숲에 가면 볼 수 있다 님도 볼 수 있다

-「숲과 새」 전문

위의 시「숲과 새」에 등장하는 '숲' 은 '새' 에게 생명의 터전인 동시에 '새' 의 고향이다. 이 '숲' 은 시인의 내면 속에서 '새' 의 연인으로 변용變容된다. 그만큼 시인이 가장 애착을 두고 있는 자연의 모델을 '숲' 으로 볼 수 있지 않을까? '숲' 은 새끼 새를 낳아주고 '새' 에게 생명의 에너지를 공급하는 모태이기도 하다. '숲' 은 초록빛이 흐르는 거대한 둥지인 셈이다. 이 둥지를 박차고 '어미새' 는 '어느 날 새끼들을 데리고 훌쩍 떠나버' 리지만 '꾀꼬리' 와 같은 또다른 '새들' 이 모여들어 '숲' 을 '노래' 의 향연장으로 바꾸어 놓고 노래의 힘으로 각

양각색의 '새들'을 불러들인다. '새들'은 그들의 조상들로부터 물려받은 자연법칙에 따라 이 '숲'에서 가계를 형성하고 끈질긴 생명력과 '계보'를 이곳에서 전승하게 된다.

'숲'은 동백꽃과 나무들과 새들이 '한가족'처럼 어울려 지내는 "생명공동체"이다. 서로 종種은 다르지만 시인은 인간의 대표로서 이 '숲' 속에 들어와 새들의 노래를 시적詩的 언어로 번역하면서 그들의 노래를 '님'의 노래로 받아들인다. '숲' 속에 살고 있는 모든 생물들을 '님'으로 끌어 안을 때 '숲'은 자연과 인간이 '한 가족'으로서 사랑을 주고 받는 "생태사회", 즉 에코토피아의 얼굴을 갖게 된다. 이처럼 정다정의 시는 확고한 생태의식의 주춧돌 위에 시의 집을 건축하고 있다.

"생태사회"인 '숲'은 시인의 의식세계 속에서 점점 확장되는 과정을 밟아간다. 시인은 자신의 의식세계 속에서 서로 대립하고 있던 자연과 문명 사이의 경계를 허물어버린다. 그는 자신이 경험하고 있는 세상의 모든 경계들을 지워나가면서 자연과 문명 사이의 화해를 모색해나간다. 정다정의 눈으로 바라본 문명은 더이상 자연을 파괴하는 암적癌的 존재가 아니다. 문명은 자연과 소통을 이루는 출구의 모습으로 변해간다. 문명은 시인에게 자연의 소중함을 알려주는 생태계의 전령 역할을 부여받았다. 다음의 시 「스위치」에서 문명의 새로운 면모를 발견할 수 있다. 문명과 자연과 시인의 감성이 조화롭게 어울려 있다.

내 안에 스위치가 있다
스위치를 올리면 어둠이 빠져나가고
모든 기계가 움직인다
세상이 긍정적이 된다
사과나무에서 사과를 따먹고
박하사탕처럼 가벼운 공기 방울이 날아다닌다
비오면 스위치를 내린다
유령처럼 지나가는 어두운 그늘
그늘에 휩싸여 잠을 잔다
비를 타고 스위치의 손잡이에서 전류가 흐른다
찌르르 끌어당기는 손의 전율
온 몸이 불길로 타오른다
촛불을 켠다
은빛 화살이 과녁을 향하여 날아가고
허공의 별들이 번쩍거린다
길게 뻗은 산들이 귀를 세운다
스위치의 키가 작동을 한다
세상이 밝아진다
훨훨 날아가 버린 철새들
스위치의 전원이 꺼진다

-「스위치」 전문

'스위치' 는 자연과 시인 사이에 교감의 불을 붙이는 시인의 고감도 감성을 나타내는 은유이다. 이와 동시에 '스위치' 는 시인이 살고 있는 문명 세계를 나타내는 객

관적 상관물이기도 하다. 감성의 '스위치'를 올리면 감각의 '전류'를 타고 사랑의 불화살이 하늘의 '과녁'을 향하여 날아가서 '허공의 별들'을 명중시킨다. 이 때, '별들'은 세상을 환하게 밝혀주는 '긍정적' 삶의 창조자가 된다. 시인의 감성은 그의 의식세계 속에서 자연과 문명 사이의 적대적 관계를 해소시키는 화해의 능력을 발휘하고 있다.

시인의 감성의 촉수觸手가 얼마나 섬세하고 얼마나 밝은 지를 보여주는 또다른 본보기는 시 「분열하는 달」이다.

> 달이 지구를 공전 한다
>
> 하늘을 보자 달이 내 입으로 떨어진다 살짝 받아 삼킨다 목에 걸려 넘어가지 않는다 입안으로 가득 찬 달은 조금씩 찌그러지기 시작한다 반죽알처럼 작아진다 위장으로 들어간 달, 자잘하게 부서져 장으로 흘러내린다 장에는 수많은 달이 생겼다
>
> 내 몸 안에는 수많은 달이 있다 수많은 달이 떠다닌다 배는 불어 오른다 팡, 터진다 달은 하늘로 날아가 박힌다 많은 달들이 하늘에 떠서 별처럼 반짝인다 깜박거리며 떠가는 배, 돛은 날개, 새들이 날아간다 철따라 이동한다 까만 수를 놓으며 떼지어 우주를 비행한다
>
> 달은 여러 갈래로 길이 나 있고 길따라 냇물이 흐른

다 푸른 달을 뽑아 눈썹 위에 심는다 이마 위로 떠오르는 달, 몇 평 안 되는 논뙈기에 경작권을 갖는다

-「분열하는 달」 전문

시 「스위치」에서 감성의 활시위를 떠나 바람을 타듯이 감각의 '전류'를 타고 날아갔던 사랑의 '은빛 화살'은 '달'을 명중시켜 "생명나무"의 열매를 먹듯이 '달'을 '받아 삼킨다.' 시인의 '몸' 속으로 들어온 '달'의 광채, 즉 자연의 생명력은 시인이 갖고 있는 감수성의 '위장' 속에서 상상의 위액胃液을 통해 '자잘하게 부서져' 내면의 '장腸'으로 흘러내리더니 내면의 장 점막에 부딪쳐서 '수많은 달'로 '분열하여' 수많은 시로 변용變容되었다. 시인의 감수성과 상상력이 연합하여 '달'을 '수많은 달'로 '분열'시키고, '자연'을 수많은 생명체로 해체시켜 시인의 내면의 '장腸' 속에서 수많은 시의 열매를 맺어놓은 것이다.

자연의 생명력 혹은 자연의 무수한 정자精子들을 내면의 자궁 속으로 받아들여 '달'의 광채를 쏙 빼어닮은 시들을 낳는 자가 시인이 아니겠는가? 자연의 생명력을 받아들일 수록 시인의 감성은 '달'의 광채처럼 환한 불을 밝히며 뜨거워진다.

앞선 시 「스위치」에서 감성의 진원지를 나타내는 은유였던 '스위치'는 이제 더 이상 자연과 시인 사이를 가

로막고 있는 문명의 옛 모습이 아니라 시인을 자연의 '숲'으로 안내하는 생태적 가이드의 역할을 맡게 되었다. 자연은 문명을 친자식처럼 자애롭게 품어주고, 문명은 자연의 순환질서에 역행하지 않으면서 자연의 생명력을 지켜주고 있다. 이제는 자연과 문명 사이의 화해, 협력, 상생相生이 펼쳐진다. 문명의 모든 요소들이 자연의 품 속에 안기어 자연과 함께 공존하는 가운데 시인이 경험하던 삶의 세계는 거대한 생명의 '숲'으로 변해간다.

시 「숲과 새」에서 '새'와 나무와 꽃의 고향이이었던 작은 '숲'은 이제 문명의 세계를 향해 스스로 문을 열고 문명과의 화해를 통하여 인간을 비롯한 모든 생명체들을 사회의 구성원으로 받아들인다. 비로소 '숲' 속에 조화로운 '집단체제'가 형성된다. 동식물의 터전이었던 작은 '숲'은 인간과 자연과 문명이 상생을 영위하는 거대한 녹색의 "생태사회"로 확장되었다.

'숲'이라는 모델로부터 거시적으로 확대되었던 "생태사회"의 모습은 또다시 미시적으로 축소되어 '풀섬'이라는 마이크로코스모스의 세계로 독자들을 초청한다.

> 우남 아파트 베란다에서 바라다 보이는
> 장암천 한가운데 풀섬
> 바랭이, 비름, 고마리, 강아지풀들이 손을 흔들고
> 나뭇잎 배에서 막 내린 개미들이 먹이를 나른다

비비새, 박새, 풀 속에 집을 짓고
날개 펴고 유유히 떠 있는 백로, 물총새가 잠수하고
햇살이 숲을 한바탕 핥고 지나가면
물풀들은 바람에 몸을 흔든다
하늘엔 내 마음이 섬처럼 떠가고

손을 잡고 넓게 퍼져가는 숲 속의 그늘
한 무리 달팽이가 타액을 뿜어낼 때
길따라 집을 짓는 거미들
부전나비 날개는 거미줄에 매달려 파르르 떨고
갓 태어난 사마귀는 풀잎의 부채질에 몸을 말린다
밤이면 풀들이 등을 켜고 행렬할 때
이끼가 융단처럼 깔려있어 미끄러지는 섬

서로 마주보며 형 아우가 되고
물속에 함께 잠겼다 함께 떠오르는 두 개의 섬
내 마음의 물줄기 터주는 섬

-「풀섬」 전문

'풀섬' 은 '생태사회' 의 모습을 시적인 동영상을 통하여 생생히 보여주고 있는 언어의 영상미학이다. 시적詩的으로 형상화된 '생태사회' 의 미니어춰라고 할 수 있다. '바랭이', '비름', '고마리', '강아지풀' 이 바람에 '손을 흔들' 면서 평화로운 삶을 누리고 있다. '개미들' 은 '장암천' 의 나룻배였던 '나뭇잎' 을 화물선으로 삼아 양식을 실어나른다. 평화로운 정적과 노동의 분주함이 대비를 이루는 가운데, 자연의 상반된 두 가지 이미지는 정靜과 동動의 변주곡 속으로 빨려들어가 시의 영상미학을 강화시키는 예술적 자양분이 되고 있다.

시 「숲과 새」의 주인공이었던 '숲' 은 이곳 '풀섬' 의 부분집합이 되어 '비비새', '박새', '백로', '물총새' 에게 '집' 을 제공해주고 그들의 세대와 '계보' 를 형성하도록 도와준다. 생물들의 세대수와 가구수가 계속 늘어남에 따라서 '숲' 은 점점 더 그늘을 넓혀간다. '아파트' 와의 대립적 경계를 허물고 문명의 파괴력으로부터 자유롭게 벗어난 '풀섬' 은 자연의 왕성한 생명력을 발산한다. '풀섬' 은 생명력의 기운을 따라 '넓게 퍼져가는 숲' 의 '그늘' 속으로 '달팽이', '거미', '부전나비', '사마귀' 들을 새로운 전입자로 받아들인다. 그리고, '풀잎' 의 녹색 등을 켜서 이들의 어두운 밤을 환하게 밝혀주고, 이들의 새로운 보금자리에 '이끼' 의 '융단' 을 깔아준다.

시인은 '아파트 베란다' 에서 내려오더니 '마음의 물줄기' 를 타고 이곳 '풀섬' 에 이사하여 "시"라는 녹색의 임시가옥을 짓고 '풀섬' 에 세들어 살게 되었다. '형 아우' 라고 부르는 '호형호제' 의 특권은 두 개의 섬만이 누리는 것은 아니었다. 시인은 '바랭이', '비름', '고마리', '강아지풀' 과 의형제가 되어 축복스러운 "생태마을" 의 같은 주민으로서 동거하게 된 것이다.

숲 깊다 숲이 꿈틀거린다 맑은 공기가 살아 숲이 솟아오른다 고요하다 숲 속으로 발을 내딛는다 시리다 시리도록 맑다 맑은 공기 한 줌 집어 가슴에 뿌린다 위에서 아래로 찬 기운이 돈다 시원한 물속이다 입질하는 물고기처럼 뻐금뻐금 공기를 들이마신다 입에서 공기 방울이 꼬리를 달고 퍼져나간다 잔 나무들이 수초처럼 수런거린다 맑고 깊은 물 속, 물고기들이 노래 부른다 노래가 숲 밖으로 퍼져나가자 날아가던 새들이 모여든다 물총새 한 마리 숲 속을 기웃거린다 공기가 물결칠 때 숲은 출렁거린다

푸드덕 날아가는 물총새 한 마리 고요한 숲속을 흔들어 놓는다 낮은 바람이 들어왔다가 온 종일 헤매었던 울창한 숲 간 밤에 발가벗은 별들이 내려와 놀다간 초록 흔적 사방에 널브러져 있다 이끼 낀 바위 위에 걸터앉아 골짜기 맑은 물에 발 목 담그고 한가롭게 떠내려가는 나뭇잎 건져올리며 묵은 주름살 펴본다 화살보다 빠르게 가버린 하루 지는 해는 나무사이로 갸웃거리고 한창 울어대던 매미도 서서히 소리를 낮춘다

밤이 되면 설레이는 물결을 잠재우는 강, 한동안 고요가 일더니 바람따라 허리를 뒤틀며 일어선다 강물이 비 오듯이 물줄기가 선다 강둑 바람이 치맛자락 날리며 몰아간다 강 저편 숲 속으로 물방울이 뛰어내린다 무수한 별들이 물방울 속에서 반짝거린다 물방울 속에서 뛰어내릴 수 없는 별을 품은 채 저희들끼리 몸 비비며 굴러가는 물방울들

-「숲은 시원한 물 속이다」 전문

'풀섬' 의 '숲' 은 나무들의 군락지 혹은 새들의 서식처 이상의 의미를 갖는다. '숲' 은 수많은 생명들의 동거가 이루어지는 "녹색의 집" 이자 "생태마을" 인 셈이다. 본래 '생태(oikos)' 라는 말은 '집' 을 뜻하지 않는가? 이 집 속에 사는 식구들은 자궁 속에 안겨있는 태아처럼 언제나 '꿈틀거림' 과 '출렁거림' 을 느낀다. 이것은 생명의 '꿈틀거림' 이며 그 생명이 발산하는 에너지의 '출렁거림' 이기도 하다. '숲' 은 어머니의 자궁과 같은 형상으로 변용 된다. 자궁 속에서 '출렁거리는' 양수가 태아에게 물질적 자양분과 정서적 자양분을 동시에 공급해주는 것처럼 '숲' 의 품 속에서 흘러나오는 '맑은 공기' 의 '물결' 이 시인, 나무, 물고기, 새의 온 몸 속으로 스며들어 그들의 숨결을 낳고 그들의 '노래' 를 빚어준다. '숲' 의 자궁 속에 안겨서 양수를 닮은 '맑은 공기' 를 마시며 살아가는 이곳 "녹색 마을" 의 주민들, 즉 '물고기', '물총새', '매미' 등은 숲의 자식으로서 자궁의 '물방울' 을 닮은 '공기' 의 핏줄로 연결되어 아름다운 근친의 동거를 향유하고 있는 것이다.

'풀섬' 의 '숲' 에 살고 있는 모든 피조물들의 아름다운 동거는 마이크로코스모스로 형상화되어 한편의 영상미학이 되었다. 소설가 토마스 만이 "문학이라는 예술은 다른 여느 예술처럼 현실을 정신적으로 승화시킨 것이다."라고 하였듯이 정다정의 시는 "생태사회"의 현실을 미학적으로 승화시킨 예술의 결실이라고 명명할 수 있다.

인지
생략

들꽃시선 89

분열하는 달

2007년 08월 20일 초판인쇄
2007년 08월 25일 초판펴냄

지은이/정다정

펴낸이/문창길

펴낸곳/도서출판 들꽃
주 소/100-273 서울 중구 필동3가 21-8 서울캐피탈빌딩 B202호
전 화/02)2267-6833, 2273-1506
팩 스/02)2268-7067
출판등록/제5-313호(1992. 5. 15)
E-mail:dlkot108@hanmail.net

값 6,000원

ISBN 978-89-6143-104-0 04810
ISBN 978-89-951327-0-8(세트)